AF410931

LES

ORIGINES DU CAPITALISME MODERNE

EN FRANCE

PAR

Henri HAUSER

PROFESSEUR D'HISTOIRE MODERNE A L'UNIVERSITÉ DE DIJON

(Extrait de la *Revue d'Économie politique*, 1902.)

PARIS

LIBRAIRIE DE LA SOCIÉTÉ DU RECUEIL G^{al} DES LOIS ET DES ARRÊTS

FONDÉ PAR J.-B. SIREY, ET DU JOURNAL DU PALAIS

ANCIENNE M^{on} L. LAROSE & FORCEL

22, RUE SOUFFLOT, 5me ARROND^t

L. LAROSE, DIRECTEUR DE LA LIBRAIRIE

1902

LES
ORIGINES DU CAPITALISME MODERNE
EN FRANCE

PAR

Henri HAUSER

PROFESSEUR D'HISTOIRE MODERNE A L'UNIVERSITÉ DE DIJON

(Extrait de la *Revue d'Économie politique*, 1902).

PARIS

LIBRAIRIE DE LA SOCIÉTÉ DU RECUEIL G^{al} DES LOIS ET DES ARRÊTS

FONDÉ PAR J.-B. SIREY, ET DU JOURNAL DU PALAIS

ANCIENNE M^{on} L. LAROSE & FORCEL

22, RUE SOUFFLOT, 5me ARROND^t

L. LAROSE, DIRECTEUR DE LA LIBRAIRIE

1902

ORIGINES DU CAPITALISME MODERNE EN FRANCE [1]

Il ne semble pas indispensable de donner ici une définition du capitalisme moderne ; ce serait la définition d'un phénomène concret, du régime économique sous lequel nous vivons. On peut différer d'opinion sur la définition abstraite du *capital,* hésiter entre la définition purement formelle des économistes purs : « Le capital consiste dans l'accumulation des provisions et des outils, c'est-à-dire des instruments de travail » [2], et la définition à la fois critique et historique des théoriciens socialistes : « Le capital est toute richesse qui sert à produire un revenu à son possesseur indépendamment du travail de ce possesseur » [3], peu importe. On est d'accord, dans les diverses écoles, pour reconnaître l'existence du *capitalisme* entendu comme période de l'histoire. Il y a évidemment, dans l'histoire des sociétés occidentales, une période — la période actuelle — dans laquelle le capital est devenu un facteur essentiel de la production industrielle et prélève une part sur les profits de l'industrie. De même qu'il y a eu avant nous des époques patriarcales où le système social reposait sur la propriété foncière indivise de la famille, des époques féodales caractérisées par les relations d'homme à homme et de fief à fief, de même il existe une époque caractérisée par le rôle du capital industriel, par la concentration, entre un petit nombre de mains, des instruments de travail. C'est ce que nous appelons l'époque capitaliste.

On loue ou l'on blâme — éloges et blâmes superflus — ce phénomène social ; le capitalisme devient ainsi, non plus seulement un

---

[1] Sous ce titre nous donnons le texte remanié de trois conférences faites en avril 1901 à l'École des hautes études sociales.

[2] V. le ch. IV du *Précis* de M. P. Leroy-Beaulieu.

[3] Ce que M. Ant. Menger appelle « le revenu sans travail ».

fait soumis à l'observation, mais un objet d'amour et de haine, un dieu qui a ses fidèles et ses athées, ses défenseurs et ses ennemis. Dans un camp ou dans l'autre, personne ne nie l'évolution qui a enlevé au travailleur isolé la possession des instruments de la production.

« D'abord modeste instrument du travailleur manuel, dit M. Ch. Gide[1], le capital s'est peu à peu détaché de ses mains, il a passé dans celles des riches. D'abord simple instrument de production, il est devenu fréquemment un instrument de lucre ». Comment a pu s'opérer cette transformation ? D'après Karl Marx, deux conditions essentielles rendent historiquement le capitalisme possible : 1° qu'il y ait un nombre considérable de travailleurs libres, qui ne possèdent, en dehors de leur faculté de travail, rien qui puisse les faire vivre ; 2° que les instruments et moyens de production soient entre les mains d'une classe particulière d'individus qui interviennent comme acheteurs de la force de travail[2].

Si nous poussons un peu plus loin l'analyse, nous constaterons, semble-t-il, que le régime capitaliste, envisagé comme période de l'histoire, peut être caractérisé par les traits suivants : A. En régime capitaliste, l'instrument de travail, l'outillage, au lieu de se composer d'objets simples, peu nombreux, que le travailleur peut se procurer lui-même et avec lesquels il peut, lui tout seul, faire tous les produits qu'il vend, cet instrument est un engin plus ou moins compliqué, une *machine*[3], qui commande le travail de multiples ouvriers, et qui le divise entre les divers travailleurs ; B. Pour que soit possible l'acquisition et l'entretien de ces machines, plus l'entretien des forces humaines qu'elles commandent, il faut que des capitaux plus ou moins considérables aient été, par l'épar-

---

[1] *Principes d'écon. pol.* 7e éd.), p. 155.

[2] M. Vandervelde dit de même, *Le collectivisme et l'évolution industrielle*. p. 10 : régime où la plus-value produite par le travail en commun, comparé au travail isolé, « est accaparée, sous forme de profit, par les seuls détenteurs des moyens de production et d'échange ». Gide, p. 154 : « Cette définition [du capitalisme] suppose évidemment une certaine condition économique et sociale, notamment le fait que la richesse peut être prêtée à intérêt ou qu'elle peut être employée à faire travailler des gens pauvres et qui seront trop heureux de se louer pour vivre ».

[3] Peu importe, d'ailleurs, que cet engin soit un moyen d'utiliser les forces de la nature ou seulement d'augmenter ou de mieux adapter à leur tâche les forces de l'homme. En un certain sens, tout outil autre que la main humaine est déjà une machine. Mais cette machine primitive est la possession de l'artisan, c'est lui qui la commande.

gne, le commerce ou le crédit, concentrés en une seule main ou en un petit nombre de mains ; C). Dès lors, entre ceux qui possèdent l'instrument de travail et ceux qui l'emploient, entre le *capitaliste* et les *ouvriers*, il y a antinomie d'intérêts, lutte de forces antagonistes, ou, comme on dit, *luttes de classes :* l'un, maître de la machine, veut payer le plus bas prix possible la force de travail dont il a besoin ; les autres, disposant de cette force de travail sans laquelle la machine n'est qu'une ferraille, veulent la vendre le plus cher possible.

D'où la division de notre étude en trois parties : dans la première, nous passons en revue les progrès du machinisme ou (si ce mot paraît trop ambitieux) de la technique, et ceux de la division du travail ; dans la seconde, la concentration croissante du capital ; dans la troisième les conflits entre le travail et le capital.

Nous ne nous dissimulons pas ce qu'une telle division a de factice, comme toute analyse. Elle peut donner à croire que le machinisme et la division du travail ont, historiquement, précédé la formation du capital. Cela n'est pas. C'est plutôt le contraire. Sans doute il serait plus conforme à la réalité de décrire synthétiquement l'évolution totale du capitalisme. Mais un tel procédé ne nous permettrait pas d'isoler aussi nettement les uns des autres les différents facteurs de la genèse du régime actuel. Nous tâcherons donc de décrire parallèlement, et non simultanément, le développement de ces facteurs [1].

Le lecteur ne devra pas oublier qu'il s'agit ici d'une question d'*origines*, d'une de ces questions où il est indispensable de « dater finement ». Il ne s'agit pas, étant donné notre capitalisme actuel, de rechercher à quelle époque il apparaît tel quel dans le passé : nous ne l'y trouverions pas. Il s'agit de voir à partir de quel moment apparaissent les facteurs qui, en se développant, donneront naissance au régime actuel. Pour apprécier une époque, pour doser les parcelles d'avenir qu'elle contient, il faut la comparer moins avec les périodes qui la suivent qu'avec celles qui la précèdent immédiatement. C'est la méthode des géologues qui convient en cette matière.

---

[1] Pour ne pas nous égarer, nous limiterons nos recherches à la France. Notre étude y perdra en généralité. Mais nous y gagnerons de pouvoir plus sûrement préciser certaines dates. Car si l'histoire sociale d'une nation ressemble à celle de toutes les autres, cette histoire n'a pas suivi en tous pays une marche identique, d'une rapidité partout égale. Il n'existe pas, entre ces histoires parallèles, un synchronisme absolu.

Ceci posé, à quelle date nous installerons-nous pour observer l'apparition des formes nouvelles ? À en croire l'un des plus récents parmi les critiques de Marx, M. Slonimski [1], il faudrait commencer notre étude… à l'âge des cavernes ! « La séparation entre les travailleurs et les moyens de production, qui forme la base et l'essence du capitalisme, est un fait de la vie économique qui se trouve déjà dans la plus haute antiquité ; et rattacher ce fait à l'époque toute récente qui commence avec le xvie siècle [2], c'est ignorer l'histoire ».

Objection juste en gros, mais en gros seulement. Que des régimes capitalistes aient déjà vécu dans le monde, cela est de toute évidence. M. Paul Guiraud, par exemple, vient d'établir avec éclat le rôle relativement important des questions industrielles en Grèce [3], et l'on sait de reste la place que ces mêmes questions et celle du crédit tenaient dans l'empire romain. Mais là n'est pas le point du débat. Il a aussi existé des *féodalités* autres que celle du moyen-âge occidental ; la féodalité a existé en Égypte, en Chine, au Japon, dans l'Inde, elle existe en Abyssinie. Pourtant, quand nous parlons des origines de la féodalité médiévale, nous savons ce que nous voulons dire ; nous allons chercher ces origines dans l'organisation romaine, les invasions, etc., et non pas dans l'Égypte des premières dynasties. Il s'agit ici du capitalisme *moderne,* de celui que nous avons aujourd'hui sous les yeux, et ce capitalisme là n'existe pas dans la société des premiers siècles du moyen-âge.

Quand est-il né ? Après l'avoir cherché trop loin de nous, craignons de le trouver trop près. Dans l'opinion courante, dans la presse, dans la conversation journalière, le capitalisme est un phénomène très récent, à peu près contemporain d'un fait scientifique et d'un fait politique : à savoir la découverte de la machine à vapeur et le triomphe de l'individualisme au xviiie siècle. Par exemple, Schulze-Gävernitz, sous ce titre : *Grande industrie,* étudie presque exclusivement le tissage mécanique du coton dans le Lancashire, comme si la grande industrie datait seulement de la *mull-jenny.*

Je ne songe à nier ici ni le rôle social de la vapeur, auquel un maître éminent, M. Georges Renard, consacrait cette année son cours du Conservatoire des Arts et Métiers, ni à méconnaître l'in-

---

[1] *Versuch einer Kritik der K. Marx'schen ökonomischen Theorien,* Berlin, 1899, p. 13. Nous reviendrons plus loin sur cette question de date.

[3] *La main-d'œuvre industrielle dans l'ancienne Grèce.* Paris, 1900, 12e fascicule de la Bibliothèque de la Faculté des Lettres de l'Université de Paris.

fluence économique exercée par le développement des institutions anglaises et par notre révolution. Je dis que dater d'une époque aussi voisine de nous les *origines* du capitalisme, c'est être dupe de l'illusion que je signalais plus haut, c'est vouloir retrouver dans le passé tout le présent, et non pas seulement les éléments du présent.

Cette illusion, Karl Marx a contribué à la répandre, parce qu'il a surtout puisé ses arguments dans l'histoire de la révolution industrielle anglaise — ceux qui ont lu superficiellement son livre n'y ont pas vu autre chose —, mais il ne l'a pas partagée. Il a dit très nettement que ce n'était pas la machine à vapeur qui avait créé la division du travail, mais que tout au contraire l'extrême division du travail avait rendu nécessaire et, en un certain sens, véritablement *créé* la machine à vapeur, non pas l'engin obscur qui existait depuis longtemps et dont on se servait à peine, mais « une machine à vapeur révolutionnée », c'est-à-dire une machine à vapeur adaptée à l'extrême division du travail et, dans une certaine mesure, nécessitée par cette division même. N'oublions pas en effet que les premières découvertes de Papin appartiennent au xviie siècle, que Newcomen construit sa première grande machine en 1705, Papin son bateau en 1707, et que cependant il faudra trois quarts de siècle pour que cette invention sorte tous ses effets. Papin et Newcomen ont *inventé* la machine à vapeur, ils ne l'ont pas *créée* en tant qu'instrument de production. Même la découverte de Watt, la machine à double effet (1764-69) ne deviendra réellement un agent de révolution sociale que lorsqu'elle s'adaptera au métier d'Arkwright (1771).

Dans cette conception hautement idéaliste, — qu'on appelle, je ne sais pourquoi, le matérialisme historique — ce n'est pas l'objet, l'engin qui modèle la société ; c'est au contraire le besoin social qui, à son heure, adopte les engins qui lui sont propres. La fonction ici crée son organe, et non l'organe sa fonction [1].

_____

[1] Sur ce point — c'est-à-dire sur un point de raisonnement pur —, je ne serais pas d'accord avec M. P. Guiraud (*op. laud.*, p. 87) : « Or, c'est *la machine qui crée la manufacture* ». Il est bien vrai que « l'histoire de tous les temps établit qu'il y a un rapport étroit entre le développement du machinisme et le développement de la grande industrie ». Mais ce rapport est-il de cause à effet, ou d'effet à cause ? Il est bien vrai que chez les Grecs « l'usine fut une rareté ». Mais M. P. Guiraud lui-même (p. 89-90) donne l'une des raisons *sociales* de cette rareté : l'élévation du taux de l'intérêt (12 et 18 p. 100). Si la machine eut été économiquement utile et possible, l'esprit

Marx a montré que la *machinofacture,* comme il dit, a eu pour antécédent la *manufacture,* et que la manufacture est un fait ancien. Quoi qu'on pense des théories sociales de Marx, on doit reconnaître qu'il parle véritablement en historien, lorsqu'il dit, au chapitre XII, paragraphe 1, de la troisième édition (je tiens à donner cette référence, car cette citation va peut-être étonner plus d'un lecteur) : « La coopération qui repose sur la division du travail a réalisé sa forme classique dans la manufacture. Comme forme caractéristique du système de production capitaliste, elle a dominé pendant la période de la manufacture proprement dite, qui, en gros, dura *du milieu du xvi° siècle* au dernier tiers du xviii° ». Ailleurs il va plus loin encore : Si « l'ère capitaliste, dit-il, date seulement du xvi° siècle », pourtant « les premiers commencements de la production capitaliste nous apparaissaient déjà *au xiv° et au xv° siècles* à l'état sporadique dans quelques villes de la Méditerranée » [1]. Il faut donc aller chercher les origines de notre capitalisme jusque dans l'époque du plein épanouissement du système des communautés de métiers, système que le capitalisme devait précisément avoir pour effet de détruire.

I

LE MACHINISME ET LA DIVISION DU TRAVAIL [2]

§ 1.

Que pouvait donc, en fait de machines, connaître l'industrie du xiii° siècle ?

« La forme élémentaire de toute machinerie avait été léguée par

---

ingénieux des Hellènes ne l'aurait-il inventée ? Schulze-Gävernitz s'accorde avec Marx pour montrer que ce ne sont pas les progrès de la physique et de la mécanique qui ont directement révolutionné l'industrie, mais les besoins de l'industrie qui ont nécessité les inventions mécaniques ou plutôt leur adaptation. Presque toutes les inventions mécaniques sont très anciennes, mais on n'avait pas l'idée de les appliquer tant que la situation économique ne l'exigeait pas.

[1] XXIV, 1.

[2] Une fois pour toutes, et pour n'avoir plus à le redire, je signale ici la ressemblance entre certaines des idées qui vont suivre et celles qui sont exprimées par M. Karl Bücher dans les belles études *(Entstehung der Volkswirtschaft)* que la *Revue* a partiellement fait connaître au public français et que l'auteur — ce dont il s'accuse — n'avait pas lues lorsqu'il professa les leçons ici reproduites. V. *Revue d'économie politique,* 1892, p. 625, 1893, p. 597, et l'article de M. Mahaim dans le n° de février 1901, p. 295.

l'empire romain dans le moulin à eau » [1]. C'était le seul moyen qu'on eût trouvé d'utiliser les forces naturelles. Après les croisades, on y ajouta le moulin à vent, d'abord peu répandu. Le moulin était encore exclusivement employé pour la préparation de la farine et du tan, plus tard pour le foulage du drap. Ajoutez à cette machine essentielle les crics et les cabestans dont les maîtres maçons se servaient pour hisser au faîte les matériaux apportés à pied-d'œuvre. Et c'est tout.

Il n'est guère question non plus alors de division du travail. Cette division n'était pas nécessaire. Si on laisse de côté le mouvement commercial, limité à un petit nombre d'articles, des croisades et des foires, l'économie du xiii° siècle était une *économie fermée*. L'artisan travaillait pour le marché local, produisait en quantités à peu près constantes quelques objets toujours les mêmes.

Rangerons-nous sous cette rubrique : *division du travail*, les dispositions qui, du moins dans les communautés jurées, interdisent à un même maître le cumul de plusieurs métiers ? Il s'agit là tout au plus d'une spécialisation professionnelle, d'une division sociale du travail, non d'une véritable division du travail industriel, la seule qui puisse mener au capitalisme. Chaque ouvrier ne fait qu'un métier, le cordonnier fait des chaussures, le tisserand une pièce de toile, mais chaque ouvrier confectionne à lui tout seul l'objet tout entier qu'il doit livrer au public.

M. Schmoller ne me paraît pas avoir suffisamment établi la différence entre ces deux modes de division dans son *Etude historique sur la division du travail*, parue en 1889 et 1890 dans la *Revue d'économie politique*. Confusion d'autant plus inexplicable que Marx avait donné de cette distinction un exposé vraiment classique [2].

[1] Marx. — P. Guiraud : les Grecs, avant l'Empire, n'eurent pas de moulins à eau et n'employaient même pas les bêtes pour tourner la meule.

[2] Chose curieuse, cette distinction fondamentale entre la spécialisation professionnelle et la division sociale du travail avait déjà été faite par les Grecs (P. Guiraud, *op. laud.*, p. 54). Elle se trouve indiquée chez Platon et, plus clairement, chez Xénophon. Ce dernier décrit : 1° la confusion des métiers dans les petites localités, où le travail est trop peu abondant pour qu'on puisse le répartir entre un grand nombre d'hommes ; 2° dans les villes populeuses, la distinction des métiers ; 3° dans certains métiers, une véritable *division du travail* : « l'un vit exclusivement de la couture du travail, l'autre de la coupe du cuir ; l'un taille les tuniques, l'autre se contente d'en ajuster les différentes pièces ». V. dans cette *Revue* (1901, p. 118), *La spécialisation et ses conséquences*, par M. Laurent Dechesne.

Dans une seule industrie, nous trouvons le rudiment de la vraie division du travail. Cette industrie est déjà plus avancée que les autres comme technique : elle est pratiquée en grand dans près de vingt villes de France ; elle est obligée de recueillir et d'accumuler de grosses quantités de matière première, elle a des débouchés lointains et étendus ; elle doit lutter contre la concurrence étrangère. Aussi M. Fagniez remarque-t-il qu'elle est la première en date des industries capitalistes [1]. C'est la draperie. Pour devenir drap, la laine passe successivement par les mains de plusieurs corps d'ouvriers, les arçonneurs qui la battent sur une claie, les tanneurs qui la chardonnent, les tisserands, les tondeurs, sans parler des foulons et des teinturiers. Dans les procès qui interdisent à un foulon d'arçonner ou de teindre, il ne s'agit plus seulement d'un pur isolement corporatif, mais bien de la séparation entre les diverses opérations qui concourent à la fabrication d'un même produit. Nous verrons quelles ont été les conséquences sociales de cette avance économique.

§ 2.

Si du XIIIe siècle nous passons au XVe, nous assistons à un premier progrès de l'industrie mécanique. Nous sommes encore très imparfaitement renseignés sur ces questions d'histoire de la technique. Nous voyons cependant que le moulin est déjà employé, pour fabriquer le papier et pour faire mouvoir les martinets de forge. « L'ère des usines à moteur hydraulique, disait fort justement le Play, est ouverte dès le XVe siècle en France... Les premières usines eurent pour objet la fabrication de la fonte et du fer, elles s'appliquèrent ensuite aux autres métaux et à une foule de produits » [2].

La presse à imprimer est déjà plus qu'un outil ; bien qu'elle soit mue par l'homme, c'est presque une machine. Il en est de même de presque toutes les industries alors nouvelles, de ces industries de la Renaissance qui s'introduisent chez nous entre Louis XI et François Ier ; lorsque Louis XI transfère de Lyon à Tours la manufacture de soierie, c'est tout un matériel qui se déplace, « moulins, métiers et chaudières ».

Le grand mouvement de réorganisation du royaume qui suivit

---

[1] *Documents rel. à l'hist. de l'industrie et du commerce en France*, fasc. II, p. XII.
[2] *Réforme sociale*, III, p. 194.

les guerres de religion [1] amena un développement très remarquable
du machinisme. C'est, bien longtemps avant la vapeur, le premier
triomphe de la machine. En 1604, B. de Laffemas [2] cite avec
orgueil ces moulins de forge dont nous parlions tout à l'heure,
« où le fer se tranche et fend en tant de pièces si menues et de
telle façon qu'on veut, ce qui ne se faisait auparavant qu'à la main
chez les serruriers et autres tels ouvriers bien chèrement… Comme
aussi le cuivre et l'airain, qui se bat et s'aplatit à la main par les
chaudronniers et autres ouvriers à grands frais, se façonne, en dits
moulins, en lames si plates et en telles formes que l'on veut, plus
en un seul jour qu'un chaudronnier n'en saurait faire en un mois,
et à meilleur marché ». Le valet de chambre d'Henri IV n'a-t-il
pas ici remarquablement indiqué les caractères essentiels du
machinisme : accroissement de la production, économie de la main-
d'œuvre?

C'est sous la même rubrique qu'il range « l'invention nouvelle de
bluteaux [3] pour faire bluter plus de farine en une heure qu'on n'en
peut faire en un jour par la façon ordinaire, et *où les enfants depuis l'âge de sept ans*, les aveugles et les vieillards décrépits peuvent gagner leur vie, assis et sans peine *ni travail de corps…* ».
Laffemas dégage ici, avec une admirable netteté, un troisième
caractère du machinisme : la réduction de l'effort physique, et il
prononce déjà le mot terrible de Pitt : « Prenez les enfants ». Il en
est de même pour « l'invention nouvelle de faire filer en un seul
atelier grande quantité de toutes sortes de laines, poils et cotons,
lins, chanvres, filoselles et autres semblables étoffes, par les petits
enfants, aveugles, vieillards manchots et impotents, assis à leur
aise, sans travail ni peine de corps, plus en un jour qu'il ne s'en
peut faire en trois par les quenouilles, et en plus grande perfection ».

Inutile d'ajouter que les métiers organisés résistent de toutes
leurs forces à l'introduction de ces « inventions » nouvelles. Parmi

---

[1] V. Fagniez, *Économie sociale de la France sous Henri IV*.

[2] *Recueil présenté au roi de ce qui se passa en l'Assemblée du commerce*. Cimber
et Danjon, XIV, p. 219-246.

[3] C'est le blutoir à manivelle : il rend « la farine plus nette et salubre pour le corps
humain, en ce qu'elle demeure renfermée dans un grand coffre, au lieu que les boulan-
gers, pâtissiers et autres la font bluter par des valets nus, sales et quelquefois mal sains ».
Pour les fils, de quelle machine est-il question ? « L'auteur en fait venir les expérien-
ces à Paris et en avance les frais, sur l'espérance qu'il a d'en estre recogneu… ». On
ne voit pas que l'assemblée ait autorisé cette invention.

Hauser 3

celles-là mêmes qu'autorisa l'assemblée du commerce de 1604, beaucoup n'entrèrent jamais dans la pratique. Il fallut près d'un siècle pour que la frappe des monnaies *au moulin* conquît pleinement droit de cité à côté de la monnaie au marteau [1]. Il va sans dire aussi que ce mouvement de perfectionnement de la technique ne se produisait pas avec la même vitesse dans toutes les industries et dans toutes les régions. M. Boissonnade remarque, par exemple [2], qu'en Poitou le régime de la petite industrie prévalut jusqu'à la fin de l'ancien régime.

Il n'importe, chaque jour les découvertes géographiques élargissaient commercialement la planète. Avec des débouchés nouveaux, considérables, lointains, il fallait renoncer aux systèmes anciens, où la production se réglait sur la consommation locale. Il faut produire, quitte à aller ensuite chercher ceux qui achèteront. Le besoin d'une production plus abondante, plus régulière, moins coûteuse révolutionnait l'industrie et y introduisait chaque jour davantage une plus complète division du travail. Dans le règlement de 1455 sur l'exploitation des mines du Lyonnais et du Beaujolais [3], nous trouvons déjà des charpentiers « appuyeurs de montagne » (le boisage est donc ici distinct du minage), puis des « ouvriers de martel », c'est-à-dire des mineurs proprement dits, et des « maréchaux » qui travaillent au jour. Le « maître de montagne » doit coordonner ces divers travaux « en telle manière que les ouvriers d'icelles mines ne chôment et que le travail d'icelles ne soit aucunement retardé ». Ceci sans parler des fondeurs et affineurs qui travaillent aux martinets, des fourniers et cuisiniers attachés à chaque mine, et dont les fonctions sont soigneusement distinguées. De même, dans les ateliers de soieries du xvie siècle, à Lyon, à Tours, à Toulouse, on voit des tisseurs, des teinturiers, des mouliniers, des dévideuses ; bientôt même à côté du tisseur, dans les métiers à la tire, se tiendra une femme qui tire les lacs et qui, de sa vie, ne fera autre métier ; une autre femme est chargée, sans plus, de lire le dessin. Une presse à imprimer exige, pour la servir, de cinq à huit personnes, dont chacune a sa besogne propre. Plusieurs presses peuvent se trouver réunies dans un même atelier, et chaque atelier a ses correcteurs et ses fondeurs de caractères.

[1] Lenormant, *Monnaies et médailles*, p. 293-300.
[2] *Essai sur l'org. du travail en Poitou*, II, p. 138.
[3] S. Luce, *De l'exploitation des mines*, *Revue des quest. hist.*, 1877, I, p. 189-203.

Pour peu qu'on réunisse à ces faits typiques un certain nombre de faits semblables, on n'hésitera pas à souscrire à ces lignes par lesquelles M. Vandervelde [1] résumait hier l'évolution industrielle du moyen-âge et du xvi⁰ siècle : « Pendant toute la période corporative.... la division du travail reste peu développée. Mais, avec les grandes découvertes d'outre-mer, les marchés s'étendent, la manufacture apparaît, la division du travail, *purement professionnelle chez les artisans du moyen-âge*, décompose maintenant les diverses opérations qui aboutissent à l'achèvement des produits. Inférieur en productivité, le régime corporatif touche à sa fin ; l'ère capitaliste commence ».

Les réformes de Colbert arrêtent en partie cette évolution : elles tendent à cristalliser l'industrie sous la forme corporative. Mais lui-même ruine son système, il y introduit un élément de désordre en créant des *manufactures,* c'est-à-dire des ateliers soustraits aux règles corporatives, et où les inventions mécaniques pouvaient se donner libre carrière. Ainsi naît définitivement cette « grande industrie » dont M. Germain Martin a esquissé l'histoire [2]. Peu à peu d'ailleurs le système de Colbert se disloque et nous assistons, surtout à partir de 1750, à un renouvellement complet de l'outillage. Les moulins à eau, employés pour la papeterie [3] comme pour la forge, se multiplient sur nos rivières [4]. Buffon installe des hauts-fourneaux d'un modèle perfectionné [5], Vaucanson transforme les métiers à tapisserie et à soierie, les machines-outils elles-mêmes s'introduisent en France et déjà l'on cite, par exemple, une machine à tailler les limes qui, manœuvrée au moyen d'une manivelle par un seul ouvrier, peut tailler huit limes à la fois. Enfin il semble résulter d'un texte, à la vérité unique et assez obscur, que la « pompe à feu » aurait servi à l'épuisement des eaux des mines

---

[1] *Le collectivisme et l'évolution industrielle.* p. 23.

[2] *La grande industrie sous Louis XIV* et *La grande industrie sous Louis XV.*

[3] A l'Exposition de 1900 (exposition rétrospective de la papeterie, figurait un de ces marteaux en bois, mû par une roue de moulin, qui triturait mécaniquement la pâte de papier; il provenait des anciennes papeteries d'Ambert.

[4] M. Vidal de la Blache, qui assistait à la conférence dont sort cet article, me faisait remarquer que les cartes des géographes du xviie et du xviiie siècle (celles de Sanson par exemple) portent souvent, sur les rivières, le mot *artifices,* qui indique des usines hydrauliques.

[5] Faits cités par M. G. Martin dans sa *Grande industrie sous Louis XV.* V. en partie, p. 198 s.

d'Anzin dès 1752, avant James Watt[1]. Quoi qu'il en soit, les progrès du machinisme sont alors si nombreux que nous ne pouvons songer à les citer tous. C'est la révolution industrielle qui commence.

La division du travail a favorisé le progrès technique, à son tour la machine rend de jour en jour plus parfaite et plus efficace la division du travail. En 1766, Messance[2] constate que « les ouvriers plus occupés à la même espèce de fabrique » sont devenus plus adroits, perdent moins de matière, emploient mieux leur temps et inventent des machines propres à accélérer l'ouvrage. En 1773, Macquer[3] nous fait pénétrer dans une fabrique de toiles peintes : « Il y a, dit-il, plusieurs ouvriers *chargés chacun d'un travail particulier,* quoique ces travaux réunis tendent tous au même but », graveurs de moules, apprêteurs de toiles, imprimeurs, *pinsoteuses,* qui font des dessins au pinceau, enfin un coloriste en chef « qui a soin de cacher aux ouvriers mêmes la plupart des ingrédients qu'il emploie ». Rappellerai-je enfin la dissertation célèbre d'Adam Smith sur la fabrication des épingles ?

Telle que nous la trouvons dans les manufactures, l'industrie française de la fin du XVIIIe siècle est donc une industrie mécanique et spécialisée, à laquelle il ne manque plus que la connaissance ou plutôt l'application de la machine à vapeur pour passer définitivement de la période de la manufacture à celle de la *machinofacture.* Il est vrai que cette industrie n'est pas seule, qu'à côté d'elle continuent à vivre les petites industries des corps de métier. Mais n'en est-il pas toujours ainsi en histoire sociale ? N'avons-nous pas encore aujourd'hui la boutique à côté du bazar, l'échoppe à côté de l'usine ? Une forme nouvelle n'arrive jamais à faire disparaître tout d'un coup toutes les formes antérieures. Elles subsistent, ces formes en quelque sorte fossiles, comme des témoins des époques qui ne sont plus, jusqu'au jour où les formes suivantes, vieillies à leur tour, vont

---

[1] C'est une supplique du comte de Solages (G. Martin, *Grande industrie sous Louis XV*, p. 183-184) de 1782 : il demande à obtenir une prolongation de concession pour une mine dont il compte épuiser les eaux au moyen d'une pompe à feu : « Les concessionnaires de la mine d'Anzin, dit-il, ont travaillé pendant trente ans, avec plusieurs *pompes à feux,* à épuiser les eaux de leur mine.

[2] G. Martin, *op. cit.*, p. 51.

[3] *Ib.*, p. 263. Il y aurait lieu de relever un grand nombre de faits analogues dans l'*Inventaire analytique des procès-verbaux du Conseil de Commerce et Bureau du Commerce* de MM. P. Bonnassieux et Eug. Lelong.

être dépassées par quelque chose de plus nouveau et reléguées au magasin des vieux souvenirs.

Mais, pour ne nous occuper ici que de la grande industrie, de l'industrie des manufactures telle qu'elle fleurit vers la fin de l'ancien régime, il nous reste à nous poser une question : comment cette industrie a-t-elle pu naître et se développer? La perfection de son outillage, la constitution des foules ouvrières qu'exige la division du travail, tout cela n'a été rendu possible que par une lente accumulation du capital. Comment, dès les jours lointains du XIIIᵉ siècle, le capital a-t-il pu se concentrer peu à peu entre les mains des chefs d'industrie ?

II

LA CONCENTRATION DU CAPITAL

Il semblerait *à priori*, que le perfectionnement de l'outillage et de la division du travail ait précédé la concentration du capital. Ce serait pour subvenir à l'achat de coûteuses machines, à l'entretien de nombreuses équipes d'ouvriers spécialisés que les maîtres auraient accumulé des sommes considérables : l'organe dans ce cas aurait créé la fonction, la fonction capitaliste.

C'est tout le contraire qui s'est produit. La première apparition du capital, c'est-à-dire d'une richesse qui produit à son possesseur un revenu indépendamment de son travail, a précédé et non suivi la première apparition de la division du travail. C'est la fonction capitaliste qui a d'abord créé la manufacture.

1

« Le crédit, en tant que mode de production, dit M. Gide [1], n'a véritablement pris naissance que du jour où les richesses futures, non encore existantes, qui constituent son véritable objet, ont été en quelque sorte réalisées et mises dans le commerce sous forme de titres négociables. Il y a eu là une véritable révolution économique qu'on peut faire dater du XIIIᵉ siècle ».

Du XIIIᵉ siècle! Ceux que cette assertion surprendrait n'ont qu'à

---

[1] *Principes*, p. 333. Au début du moyen-âge, la richesse mobilière se compose surtout de valeurs improductives, orfèvrerie, argenterie, qui ne deviennent des valeurs que si on les réalise ou si on les engage.

se reporter aux documents recueillis par M. Fagniez dans la *Collection de textes pour servir à l'étude de l'histoire*. Ils y verront qu'à la suite des croisades, grâce au commerce du Levant, aux foires de Champagne et de Beaucaire, l'humanité occidentale passe décidément de la période de l'économie naturelle à celle de l'économie-argent [1]. Ce serait ne rien exagérer que de dire que l'événement capital de l'histoire de France entre l'avènement de saint Louis et celui de Philippe de Valois, c'est la substitution progressive du paiement en espèces au paiement en nature, d'abord pour le commerce international, ensuite pour les taxes pontificales et pour l'impôt royal, puis pour les redevances des vilains, puis pour toutes les transactions. Michelet, ce grand visionnaire, l'a bien compris, et il résume l'histoire du xiv⁰ siècle par ces mots : « L'époque où nous sommes parvenus doit être considérée comme l'avénement de l'or. C'est le Dieu du monde nouveau où nous entrons... Fisc et peuple n'ont qu'un cri, c'est l'or ».

Cette volatilisation de la richesse, elle commence à l'aube du xiii⁰ siècle [2], elle va causer l'avénement des pouvoirs et des classes qui manipulent l'argent, le Juif, le Lombard, l'ordre du Temple qui constitua la première grande banque internationale de dépôts [3], puis la royauté, enfin la grosse bourgeoisie des changeurs et des marchands, le patriciat urbain.

Comment, le Juif mis à part [4], comment pouvait-on accumuler du capital dans une société régie, en matière économique, par les idées de l'Église? C'était d'abord la théorie du « juste prix », *justum pretium* : toute denrée doit être vendue à un prix équitable, ni au-dessus ni au-dessous. Mais, dans son *Histoire de l'économie sociale,* M. de Girard montre que la notion du *juste prix* n'est aucunement celle d'un prix strictement équivalent aux frais de production, ce n'est pas une condamnation de la plus-value [5]. Elle permet le béné-

---

[1] Mêmes considérations dans une leçon de M. Ch. Seignobos (*Revue des cours et conférences,* 6 juin 1901, p. 600-610).

[2] Plus exactement entre le xi⁰ et le xiii⁰ siècle, plus tôt sur les bords de la Méditerranée, plus tard dans les pays du Nord.

[3] Léopold Delisle, *Mémoire sur les opérations financières des Templiers,* 1889.

[4] Notez que l'une des fonctions essentielles du juif, pendant la période de transition entre l'ère de l'économie-nature et celle de l'économie argent, a précisément été de faire au roi des avances en argent sur la rentrée des impôts encore payés en nature. Les Lombards jouèrent le même rôle.

[5] *Histoire de l'économie sociale jusqu'à la fin du xvi⁰ siècle,* Paris-Genève, 1909, p. 84.

fice, elle interdit simplement le bénéfice exagéré, celui qui, dans les idées de l'époque, apparaît comme abusif et usuraire. C'est donc une notion toute relative, singulièrement élastique, livrée à l'appréciation individuelle des intéressés. La notion du juste prix ne peut d'ailleurs s'appliquer qu'aux produits industriels fabriqués pour le marché local. Le grand commerce, le commerce du Levant, des foires et de la Hanse, ne lui est plus soumis [1]. À côté de l'artisan qui échange ses produits contre de l'argent dont il achètera des denrées, on voit apparaître le marchand qui échange de l'argent contre des denrées et ces mêmes denrées contre de l'argent.

La seconde théorie enseignée par l'Église, c'est la condamnation du prêt à intérêt. *Pecunia pecuniam non parit,* l'argent ne fait pas de petits. Non il ne fait pas de petits, mais les scolastiques ont trouvé un biais pour lui procurer des enfants adoptifs. C'est la théorie du *lucrum cessans,* du manque à gagner, et du *damnum emergens,* de la peur de perdre. Si vous prêtez à autrui l'or qui dormait dans votre tiroir, l'intérêt que vous prétendez en tirer est illicite. Mais si vous deviez avec cet argent acheter des marchandises, un champ, une maison, si l'abandon momentané de cette somme vous cause quelque dommage, alors il est juste que vous soyez indemnisé. Et par là le crédit redevient possible, pourvu que ce crédit soit gagé non pas directement sur des espèces monnayées, mais sur des objets matériels qui peuvent rapporter à leur possesseur un certain profit, par exemple sur des marchandises. Pour devenir banquier en toute sûreté de conscience, il suffit que le changeur, comme la Frosine de Molière, se fasse marchand.

Ainsi s'explique que les plus anciens contrats de prêt à intérêt que nous ayons soient des contrats de commandite [2]. Le prêt est converti en une valeur équivalente de draps, de cuirs, d'alun, que le capitaine du navire ou le voiturier doit conduire à Ceuta, aux Echelles, ou bien encore à la foire du Lendit. C'est une commandite à la grosse aventure, *in fortuna Dei.* Si les marchandises arrivent à bon port, il les vendra au profit commun de la société et se réservera, par exemple 20 p. 100 du bénéfice, comme il est sti-

---

[1] Le commerce du Levant, se composant à l'importation de marchandises très riches sous un faible poids, permet de gros bénéfices. Le commerce d'exportation, composé de matières ou marchandises lourdes et grossières, exige, pour solder la balance, l'intervention du numéraire. V. Heyd, *Commerce du Levant.*

[2] V. Fagniez, *Doc. rel. à l'hist. du commerce et de l'industrie.*

pulé dans un contrat de 1210. Parfois la commandite se complique d'une question de change de monnaies, d'un paiement en monnaie de Marseille, en livres tournois, ou en besants sarrasinois qui sera effectué non plus dans la ville de Messine où naît le contrat, mais en Provence, ou à la prochaine foire de Provins, à celle de Bari, ou à Saint-Jean d'Acre ; il peut être fait soit au prêteur lui-même, soit à son représentant ; et ainsi, dès 1200 apparaît la lettre de change. Une procuration notariée tient lieu du moderne endossement [1].

Ces grandes foires où se centralise le commerce des épices du Levant et des draps de l'Occident, connaissent les paiements par compensation. On manie, en somme, peu de monnaie à Troyes ou à Provins ; on y échange surtout des créances et, à la fin de la foire, les boutiques des changeurs constituent un véritable *clearing-house* [2]. Les créances impayées peuvent d'ailleurs, moyennant une commission, être reportées de foire en foire. Enfin dans l'industrie même apparaît la vente à terme. La loi l'interdisait, mais les tanneurs de Troyes avaient trouvé moyen de tourner la loi et ils obtiennent du roi, en 1339, le droit d'acheter et de vendre les cuirs à terme et de faire jusqu'à deux reports successifs [3].

II

Dès lors, le crédit existe et la concentration du capital industriel est possible. C'est par le commerce que s'est opérée la concentration des premiers capitaux ; ces capitaux vont être utilisés maintenant par l'industrie. Cette révolution, nous l'avons indiqué, se produit d'abord dans l'industrie de la draperie. A côté de l'ancien tisserand, tel que le décrit le *Livre des métiers*, qui vend lui-même à la halle le drap qu'il a tissé avec ses valets et apprentis [4], on voit

---

[1] Fagniez, fasc. I, nos 135, 140, 155, etc. Philippe le Bel, réduit à 20 p. 100 l'intérêt des prêts, à 15 p. 100 celui des lettres de change tirées d'une foire sur l'autre

[2] Fagniez, fasc. II, p. XIX. Ce sujet des *lettres obligatoires* ou *reconnaissances* vient d'être véritablement renouvelé par M. G. des Marez dans *La lettre de foire à Ypres au XIIIe siècle : contribution à l'étude des papiers de crédit*, sur laquelle il importe de lire le magistral et lumineux article de M. Havelin, *Revue hist.*, t. LXXVII, p. 152-172. Ces lettres comportent la *clause à ordre* et parfois la *clause cumulative*, à ordre et au porteur, ou même à ordre *ou* au porteur. « Les chirographes yprois qui constatent une dette d'argent sont souvent payables en foire ». Encore faut-il observer que « souvent la foire n'était qu'une *date* et non un *lieu* de paiement ».

[3] *Ibid.*, no 32.

[4] *Des tisserans de lange*, édit. Lespinasse, p. 93.

apparaître de bonne heure le *drapier*, c'est-à-dire le gros bour-
geois qui ne tisse ni ne foule, mais qui emploie, à son compte,
toute une armée de tisserands, de foulons, tondeurs, laineurs,
arçonneurs, teinturiers [1]. Son rôle se borne à fournir la laine aux
maîtres tisserands des dix-sept villes drapières et à vendre les
draps aux foires ou dans les Échelles du Levant. « C'est à l'avance
que cette branche de la production nationale avait prise sur toutes
les autres », remarque M. Fagniez, qu'il faut attribuer un trait qui,
avant de se généraliser, lui avait été particulier : « la distinction
entre les commerçants capitalistes et les industriels qui exécutent
leurs commandes » [2]. Ces capitalistes exercent déjà leur pouvoir
sur un grand nombre de travailleurs. En effet, un document de
1403 affirme que dans la seule ville de Chartres le métier de draperie fait vivre « bien dix mille personnes » [3]. Cette organisation
capitaliste se retrouve d'ailleurs dans les grandes villes drapières
des autres pays, à Strasbourg par exemple, ou à Florence dans
l'*Arte della lana*.

« Les artisans, écrivait hier l'auteur anglais d'une histoire de la
civilisation occidentale, M. Cunningham, les artisans commencent,
sous la direction des marchands, à manufacturer non seulement
pour répondre aux besoins de leurs voisins et à la demande du
marché urbain, mais en vue des possibilités de vente sur des places
éloignées » [4].

III

Viennent maintenant les découvertes maritimes du XVe siècle,
l'ouverture de débouchés immenses et de nouveaux centres de
production, l'afflux subit en Europe d'une quantité énorme de
métaux précieux, et l'on pourra dire avec Marx : « Le commerce
mondial et le marché mondial inaugurent au XVIe siècle la biogra-
phie moderne du capital » [5]. En ce seizième siècle (j'entends par

---

[1] Dès 1270 Fagniez, I, no 233, nous trouvons à Paris un accord entre « le commun des menuz mestres tesserenz qui font euvres à autrui d'une part, et ceus qui font
fere leurs euvres à autrui d'autre part ».

[2] *Ibid.*, II, p. XIII.

[3] *Ibid.*, no 86.

[4] *Western civilization in its economic aspect : Mediaeval and modern times*,
Cambridge, 1900. — Rappelons en passant l'exemple traditionnel de Jacques Cœur.

[5] « Welthandel und Weltmarkt eröffnen im 16ten Jahrhundert die moderne
Lebensgeschichte des Kapitals ».
Je n'ignore pas que cette formule de Marx n'est pas acceptée de tous. Évidemment,

seizième siècle, pour la France, une période qui va environ de 1453-1465 à 1610-1614) se posent vraiment toutes les questions, questions intellectuelles, questions religieuses, questions économiques des temps modernes : siècle de la Renaissance, siècle de la réforme, siècle du crédit.

La réception du droit romain, entre autres effets, a celui de légitimer le prêt à intérêt, d'ébranler la notion catholique de l'usure. Luther condamne encore, du point de vue scolastique, le crédit et le prêt ; mais Calvin, inspiré par son éducation juridique, ne condamne plus que les intérêts usuraires [1] et repousse la notion vieillie « de l'improductivité intrinsèque de l'argent ». Ainsi, « la Renaissance du XVIe siècle... garde..., les uns diront l'honneur, les autres, la responsabilité d'avoir posé la première pierre de l'économie politique libérale ou classique » [2].

Les foires de Lyon deviennent, sous François Ier, la grande Bourse internationale des marchandises et des valeurs mobilières [3]. Les grandes banques d'Augsbourg et de Nuremberg, les Welser et les Fugger dominent le marché des métaux [4] et pèsent de tout le

si l'on compare l'économie du XVIe siècle à la situation du marché actuel de Londres, de Paris, de New-York, de Berlin, où un coup de téléphone suffit à déterminer une crise à répercussions universelles, où le riz de l'Inde s'échange contre le pétrole de Pennsylvanie, l'or californien contre la laine australienne, etc., on refusera aux marchés du XVIe siècle l'épithète de « mondial ». Pourtant un marché comme celui des foires de Lyon, où s'échangent des valeurs françaises, allemandes, italiennes, suisses, espagnoles, etc., où des banquiers italiens prêtent un capital à des imprimeurs allemands où se centralise le commerce des livres du monde entier ; comme ceux d'Augsbourg et de Nuremberg, où s'établissent les cours des métaux précieux et des épices, n'a plus rien à voir avec l'économie médiévale. On oppose encore à Marx que le système colonial des peuples européens étant un *système clos* : les produits de l'Amérique ou des Indes espagnoles ou portugaises n'arrivent pas à un marché mondial, mais à un marché national. Cela est vrai dans une certaine mesure, mais *ils ne restent pas* à Séville ou à Lisbonne, ils aboutissent aux grandes places bancables qui détiennent le numéraire et règlent les prix. On prend dès lors aussi l'habitude des placements internationaux. V. A.-E. Sayous, *Les placements internationaux de la République de Berne.*

[1] E. de Girard, *op. cit.*, p. 223.

[2] *Ibid.*, p. 255.

[3] Sur ces questions, v. Ehrenberg, *Zeitalter der Fugger.* Fagniez, *l'Économie sociale de la France sous Henri IV*, et un article qui paraîtra prochainement dans la *Revue historique.*

[4] Il importe de rappeler ici que l'augmentation rapide du stock métallique européen au XVIe siècle n'est pas due exclusivement à la découverte des nouveaux mondes, mais pour une bonne part à la reprise de l'exploitation dans les usines de l'ancien monde (Saxe, Tyrol, Transylvanie, etc.) délaissées ou mal exploitées depuis les Romains. Or les banquiers allemands possédaient un grand nombre de ces mines.

poids de leurs lingots sur la politique européenne; ils donnent leurs filles à des archiducs, ils font des empereurs romains, et leurs faillites ébranlent des trônes [1]. C'est une grande affaire financière internationale, c'est la banque des indulgences que nous trouvons à la base même de la Réformation. Par deux fois, une famille de banquiers florentins mêle orgueilleusement ses *palle* aux lys de France.

Les rois ne se contentent même plus d'emprunter directement a tel ou tel particulier les sommes croissantes qui leur sont nécessaires pour leurs guerres ou leurs plaisirs, pour le développement de la grande politique. La rente mobilière la dette publique, apparaît à l'Hôtel de ville de Paris dès François Ier.

En 1566, le comte de Retz propose même au bureau de ville la création d'une banque au capital d'un million de livres (3.704.000 fr.), constituée grâce à une loterie, banque de prêt sur gages. En 1608, le conseil d'État approuvera les statuts d'une banque de dépôt et de prêt, au capital de 1.500.000 livres à Paris, avec des succursales, et qui s'intitule déjà *Banque de France*. Le capital ne fut pas souscrit, mais l'existence de ce projet montre à quel point le mécanisme du crédit s'était perfectionné même chez nous. On sait pourtant combien nous nous laissâmes devancer à cet égard par la Hollande, l'Angleterre et les villes suisses. En France, Henri IV put ramener l'intérêt légal de 8 1/3 à 6 1/4. On aura d'ailleurs une idée suffisante du développement énorme pris par le crédit quand on saura qu'il y eut à Paris, en 1609, une banqueroute de 4 millions de francs.

En 1620, la lettre de change recevra enfin la clause à ordre, qui lui donnera une facilité inouïe de circulation et de transmission [2].

Or ce prodigieux développement du crédit coïncide avec l'appari-

---

[1] Une faillite à Augsbourg a sa répercussion sur la culture de la cannelle dans les îles de la Sonde; n'y a-t-il point là un phénomène « mondial »? Les efforts mêmes qui sont faits, par exemple sous Henri IV, pour reconstituer artificiellement une économie nationale fermée origine du mercantilisme témoignent de la solidarité économique déjà existante entre les nations de l'Europe occidentale. V. à ce sujet Laffemas et Montchrestien. Et déjà cette solidarité avait été admirablement exprimée par Bodin, dans sa *Response aux paradoxes de Malestroit*. Il est d'ailleurs un élément dont il faut alors tenir grand compte, et qui corrige dans une large mesure la législation douanière, c'est la contrebande.

[2] Sur tous ces points, v. Fagniez, *Économie sociale de la France sous Henri IV*. M. Charléty a publié, dans la *Revue de Paris* de 1901, des notes très intéressantes sur le marché des valeurs d'État à Lyon au début du xviie siècle.

tion ou l'essor d'industries nouvelles, les industries du livre et les industries de luxe, les industries de la Renaissance. Je ne voudrais pas répéter ici ce que j'ai dit et imprimé ailleurs. Mais je crois nécessaire de rappeler que ces industries, imprimerie, papeterie, soierie, verrerie, ne pouvaient se contenter du modeste outillage, du médiocre fonds de roulement, du petit nombre d'ouvriers qui suffisaient à un ouvroir de cordonnerie ou de serrurerie. Acheter des presses, faire fondre des masses considérables de caractères, amonceler des provisions de papier, garder des livres en magasin, les vendre à Leipzig ou en Espagne, cela n'était possible que grâce à une accumulation de capitaux fournis le plus souvent par le crédit. Dès le xvi⁰ siècle, la soierie devient ce qu'était déjà la draperie, un métier capitaliste : elle connaît, à côté du *maître-ouvrier*, le *maître-marchand-fabricant* qui donne du travail à façon « sans être assis tout le jour sur le métier et mener la navette », et qui, en 1619, prétend même se faire réserver le droit exclusif d'acheter la matière et de vendre le produit [1].

Les anciens métiers, les métiers traditionnels résistent autant qu'ils le peuvent à cette invasion des méthodes nouvelles. Mais les membres riches de ces métiers finissent par prendre la direction des communautés, par rendre à peu près impossible aux pauvres l'accès de la maîtrise, et les jurandes elles-mêmes sont devenues, à la fin du xvi⁰ siècle, des institutions oligarchiques et capitalistes [2].

---

[1] Godart, *L'ouvrier en soie, monographie du tisseur lyonnais*, ch. IV.

[2] Je renverrai ici à mes *Ouvriers du temps passé*. Cunningham, *op. cit.*, p. 481, résume fort bien les différents aspects de la question : « Les vues du capitaliste employeur de travail et celles des petits maîtres indépendants diffèrent souvent au point de vue des règles avantageuses au commerce. Le capitaliste désirait être libre d'employer autant d'ouvriers qu'il lui plaisait, avec la division du travail convenable, tandis que les petits maîtres s'opposaient à un système organisé pour accaparer une grande partie du trafic. Il devait aussi exister des différences dans l'éducation et le nombre des apprentis; le régime capitaliste rompait avec les traditions des corps de métiers. Dans bien des cas où surgirent des difficultés, les membres riches semblent avoir été assez forts pour prendre en main la direction des affaires de la communauté, et pour modifier l'institution jusqu'à ce qu'elle devînt une association oligarchique d'employeurs capitalistes; beaucoup de corps de métiers en France semblent avoir été transformés de la sorte... Dans d'autres cas, les petits maîtres furent capables de maintenir le régime traditionnel, et les employeurs capitalistes préférèrent émigrer hors des limites de la juridiction corporative ».

IV

La concentration du capital va se poursuivre dans les deux siècles qui suivent, particulièrement dans la grande industrie. Les riches marchands deviennent des dispensateurs du travail. Dans l'industrie lyonnaise, en 1712, on distingue les maîtres qui vivent de la soie en trois catégories[1] :

1° « Maîtres-marchands n'ont point de métiers chez eux ; ils fournissent les soies et dorures, les dessins aux maîtres-ouvriers qui travaillent les étoffes, moyennant la façon que les marchands leur payent ». Ils sont environ 200 qui règlent à leur gré le marché du travail.

2° Cette deuxième catégorie est un reste du passé, un de ces fossiles sociaux qui persistent encore dans une période nouvelle : « Maîtres qui travaillent pour leur propre compte, ils sont marchands et ouvriers tout ensemble, ils achètent la soie, la travaillent et en vendent l'étoffe ; leur nombre varie journellement, parce qu'au moindre événement fâcheux qui leur arrive, ils retombent dans leur première condition de maître-ouvrier à façon ».

3° Restent ces maîtres-ouvriers, les *canuts*, qui sont de 3 à 4.000. La concentration capitaliste est déjà si puissante qu' « un seul maître-marchand occupe parfois jusqu'à cent maîtres-ouvriers », sans parler des compagnons et compagnonnes groupés autour de chaque maître-ouvrier. Cette puissance va être encore accrue par les lettres-patentes de 1712, qui font disparaître la catégorie intermédiaire. Aux élections de 1789, le prévôt des marchands faisait en ces termes l'éloge de ce régime capitaliste : « Les maîtres-ouvriers sont bornés à fabriquer à tant par aune les matières que leur fournissent les maîtres-marchands, la main-d'œuvre seule est le partage des ouvriers, mais l'industrie est celui des marchands. Ce sont ceux-ci qui inventent toutes nos belles étoffes et qui, correspondant avec tout l'univers, en font refluer les richesses dans notre ville »[2].

[1] Godart. *op. cit.*, p. 90.

[2] *Ibid.*, p. 96. — Cette distinction entre ceux qui travaillent et ceux qui font travailler apparaît dans d'autres industries. V. Louis Morin, *Hist. comparative des artisans du livre à Troyes*, Troyes, 1900 : « Beaucoup avaient un atelier et du matériel qu'ils exploitaient pour le compte d'autres imprimeurs de la ville ». Inversement, les régions de petite industrie ne connaissent guère ce régime : en 1717, il n'y a pas en Poitou (Boissonnade, *op. laud.*, II, p. 138) plus de 150 maîtres qui fassent travailler à façon pour les étoffes. La

Dès 1674, Colbert signalait le péril de cette concentration croissante du capital. L'une des raisons qui le poussaient à multiplier les manufactures, c'était d'obliger « les maîtres à donner peut-être quelque chose davantage aux ouvriers », de façon que « les maîtres d'une seule manufacture ne se rendent pas les maîtres des ouvriers, auxquels ils ne donneraient peut-être que ce que bon leur semblerait »[1].

Mais, en dépit des précautions prises par Colbert, la concentration poursuit son œuvre. Le fameux *Système*, malgré son échec retentissant, a définitivement émancipé le crédit. Il a donné aux chefs d'industrie une suprématie jusque-là inconnue. Il en a fait de véritables acheteurs de travail, et des acheteurs qui font varier presque à leur gré le prix de cette marchandise, plus offerte que demandée. A Abbeville, en 1758, une manufacture jouit d'un privilège sous condition d'entretenir en permanence cent métiers. Or, nous dit l'intendant, les métiers sont bien « montés et prêts à travailler ; mais on n'emploie jamais à la fois plus de la moitié des ouvriers que nécessiterait le fonctionnement simultané de cent métiers »[2]. La manufacture constitue ainsi, artificiellement, une masse flottante de sans-travail dans laquelle elle puise suivant ses besoins, une *armée de réserve industrielle* qu'elle entretient, pour parler encore comme l'intendant, « dans la servitude et dans la misère ».

Dès lors le capital est roi. Les petites industries isolées, les petites fabriques de tissus du Gévaudan et du Velay, les velours et les soieries du Comtat disparaissent progressivement[3]. Au contraire les grandes industries centralisées, forges du Nivernais, soieries de Lyon, draperies de Rouen, tissages du Nord prennent un développement toujours plus rapide. Elles vident les campagnes pour remplir leurs ateliers, elles y entassent des femmes, maintenues éternellement dans les travaux accessoires et inférieurs, payées 40 p. 100 moins que les hommes, plus sujettes encore aux fluctua-

concentration des capitaux est si faible « qu'un bien de 30.000 l. fait passer à Saint-Maixent un de ces négociants pour un Crésus ». Le maître poitevin, en général, travaille, comme autrefois, seulement sur commande des particuliers, qui fournissent la matière.

[1] Sur cette période beaucoup plus connue que la précédente, v. en particulier M. des Cilleuls, *Histoire et régime de la grande industrie*, et les deux volumes de M. Germain Martin, *La grande industrie sous Louis XIV et sous Louis XV*.

[2] Des Cilleuls, note 937.

[3] G. Martin, *passim*.

tions de la surproduction et du chômage, population immense (il y en a 7.000 à Lyon en 1752) vouée à la misère et à la prostitution [1].

A la fin de l'ancien régime, Turgot décrivait le degré de concentration du capital, sa domination sur le travail en ces phrases âpres, prototype de la célèbre formule lassallienne [2] :

« Le simple ouvrier qui n'a que ses bras et son industrie n'a rien qu'autant qu'il parvient à vendre à d'autres sa peine. Il la vend plus ou moins cher; mais ce prix plus ou moins haut ne dépend pas de lui seul : il résulte de l'accord qu'il fait avec celui qui paie son travail. Celui-ci le paie le moins cher qu'il peut ; comme il a le choix entre un grand nombre d'ouvriers, il préfère celui qui travaille au meilleur marché. Les ouvriers sont donc obligés de baisser le prix à l'envi les uns des autres. En tout genre de travail, il doit arriver et il arrive, en effet, que le salaire de l'ouvrier se borne à ce qui lui est nécessaire pour assurer sa subsistance ».

Nous sommes par là tout naturellement amenés à nous demander quels sentiments cette lente évolution du capital avait déposés dans les âmes de ceux qui travaillent et qui, de moins en moins, possèdent, de ceux qui, de plus en plus, possèdent les instruments de travail et qui travaillent de moins en moins. Après avoir étudié la formation du capital comme instrument de production, nous voudrons étudier l'histoire du capital comme classe et du travail comme classe.

III

LES CONFLITS ENTRE LE CAPITAL ET LE TRAVAIL

I

Dans l'intérieur de la communauté jurée et pendant l'âge d'or du régime corporatif, on peut admettre (sans trop l'affirmer) que les rapports entre le capital et le travail étaient empreints d'une certaine cordialité. Maître et compagnon vivaient ensemble sous la voûte de l'ouvroir, mangeaient à la même table, car le salaire était

---

[1] Godart, ch. VII.

[2] Nous n'avons pas la prétention de découvrir ce passage fameux déjà signalé par Karl Marx, qui a été cité par MM. G. Renard, des Gilleuls, G. Martin et autres. Ce n'est pas une raison pour nous de ne pas le reproduire. Il est extrait de la *Formation et distrib. des richesses*, § 6 (t. I, p. 10 des *Œuvres*).

partiellement payé en nourriture, quelquefois même en logement. La médiocrité du capital nécessaire pour tenir un ouvroir, la facilité relative de l'accès à la maîtrise permettaient à tout compagnon d'espérer qu'il deviendrait maître à son tour. Le compagnonnage au xii°, au xiii° siècle, n'était pas une classe, mais un grade.

Il importe cependant de faire deux remarques. Même, ou plutôt surtout en cette époque lointaine, tout le travail industriel n'était pas organisé en corps de métiers jurés. M. Boissonnade n'hésite pas à dire que, dans le Poitou, la jurande était l'exception [1]. De même, dans le Midi, la formation des communautés est assez tardive [2]. La forme la plus répandue était donc le travail libre ; dans le travail libre, aucun statut ne garantissait l'ouvrier contre la suprématie du capital. Sa meilleure sauvegarde résidait — sans parler des habitudes d'association partout répandues — dans le peu d'importance qu'avait alors le capital lui-même ; mais, à mesure qu'allait se développer le *procès* de concentration que nous avons analysé dans le précédent chapitre, cette situation devait se modifier à son détriment.

Ajoutons que certains métiers, même jurés, ont déjà des tendances capitalistes. Aussi ne faut-il pas nous étonner si la douloureuse histoire des conflits entre employeurs et employés commence à l'aube même de l'évolution industrielle.

La preuve que la coalition existe déjà en plein xiii° siècle, c'est qu'elle figure au nombre des délits dans les *Coutumes* de Beaumanoir, écrites vers 1280. Il est bon de relire ce texte qui inaugure la longue histoire juridique du droit de coalition. La coalition est désignée ici par le mot d'alliance :

« Alliance qui est faite contre le commun profit, c'est quand aucunes manières de gens s'accordent qu'ils ne travailleront plus à si bas prix comme devant, mais croissent le prix de leur autorité et accordent qu'ils ne travailleront pour moins et mettent entre eux peines et menaces contre les compagnons qui ne tiendront leur alliance... »

Cette définition, d'une rigueur impeccable, ne permet guère d'affirmer que le xiii° siècle lui-même fut une époque de rapports absolument harmoniques entre le capital et le travail. Naturelle-

<hr>

[1] II, p. 4.

[2] V. du Bourg, *Organisation du travail dans le Midi*. D'une façon générale, si l'association est un fait ancien, la réglementation est tardive.

ment, et comme nous pouvions le conjecturer *a priori*, la coalition
apparaît d'abord dans les industries les plus avancées, dans celles
où il y a déjà un embryon de division du travail, une certaine
concentration du capital. En 1285 [1], il y a procès, devant l'échi-
quier de Normandie, entre les syndics ou, comme on dit en nor-
mand, les « attournés » des tisserands de Rouen et les « attournés » de la draperie de Rouen. Ce sont les deux fractions de la
corporation, chacune d'elles formant un « commun », un syndicat :
d'un côté, ceux qui achètent les laines, commandent les travaux,
vendent les produits ; de l'autre, ceux qui travaillent, lesquels décla-
rent « qu'eux aussi sont une partie du métier de draperie ». Les
drapiers veulent empêcher les tisserands de se réunir sur une
place pour se louer, car ils y faisaient « compilations, taquehans
(c'est un des mots nombreux qui désignent la coalition), mauvaises
montées et enchérissements de leurs œuvres à leur volonté ».
Cette place, affirment les drapiers, leur a été enlevée à la suite de
désordres graves, « il y a bien cinquante ans et plus », ce qui ferait
remonter au début du règne de saint Louis la date de cette première coalition. Il est à remarquer que les tisserands perdirent leur
procès.

II

Ceci, encore une fois, dans l'âge d'or de l'histoire sociale. Que
sera-ce à mesure que va se produire la scission progressive entre
le capital et le travail ? Du xive au xvie siècle, nous allons assister
au développement régulier de ce phénomène : la lente expulsion de
l'ouvrier du gouvernement du corps de métier [2].

Cette expulsion se réalise au moyen de deux méthodes parallèles,
l'élévation des droits de maîtrise et la complication croissante du
chef-d'œuvre. Seuls sont exceptés de ces aggravations les fils de
maîtres.

Les droits de maîtrise, et même dans une certaine mesure les
réductions dont bénéficient les fils de maîtres, avaient leur origine
dans la nature des choses. Ceci est fort bien expliqué dans les statuts des poêliers de Villedieu, en Normandie, au xive siècle [3] :

« Il est ordonné et accordé entre eux que si aucun veut lever

---

[1] Fagniez, I, p. 301.
[2] Nous renvoyons sur ce point à l'*Hist. des classes ouvrières* de M. Levasseur.
[3] Cité par Eberstadt, *Das franzôs. Gewerberecht.*

métier et être maître, parce que nul maître ne se peut élever sans l'aide des autres maîtres et des varlets et des outils des autres, il paiera audit trésor 60 sols s'il n'est fils de maître ; et s'il est fils de maître, il en paiera pour 40 sols, pour ce qu'il doit avoir le plus grand avantage audit métier et que son père paya aussi ; et partant aura celui qui aura payé lesdits 40 sols l'aide des maîtres et des varlets et des outils de ladite poêlerie ».

Le droit de maîtrise est donc alors la juste rémunération des services que les maîtres anciens rendent au nouveau en l'aidant à installer son atelier. Il n'en est pas moins étrange que, déjà au xiv⁰ siècle, on ait cru nécessaire, dans un article de statuts, de légitimer ce droit. C'est donc qu'il n'était dès lors plus admis sans résistance.

M. Eberstadt [1], dans un récent ouvrage sur le droit corporatif dans l'ancienne France, a cherché à établir la courbe d'accroissement du droit de maîtrise. Il évalue la moyenne de ce droit à 40 sols pour le début du xiv⁰ siècle, à 60 pour la fin. Au xv⁰ siècle, il n'est pas rare de rencontrer des droits de 10 livres, et l'on cite un exemple isolé de 40 livres. La royauté favorise alors ce rehaussement dans un intérêt fiscal. Toutes les réformes industrielles de Louis XI, par exemple, peuvent se résumer à ceci : il autorise les communautés à relever considérablement le taux des droits d'entrée, et aussi celui des amendes, à condition que sur ces taxes nouvelles le Trésor percevra un tiers ou une moitié [2].

De plus en plus s'accroît la différence entre le fils de maître et le compagnon ordinaire. Chez les chaudronniers de Paris, le fils de maître paie dix sols seulement ; le compagnon qui a fait son apprentissage à Paris, 4 livres, huit fois plus ; le « forain », l'apprenti du dehors, 12 livres.

Semblable est l'histoire du chef-d'œuvre. Rien n'était plus simple, en apparence, qu'un examen de capacité imposé au candidat à la maîtrise, et il n'est pas question d'autre chose dans le *Livre des métiers*. Mais, comme le droit de maîtrise, le chef-d'œuvre devient aux mains des maîtres un moyen de défense, une arme contre la concurrence des nouveaux maîtres. Déjà dans la première édition de son second volume, en 1859, M. Levasseur exposait

---

[1] *Op. cit.* Voyez le compte-rendu de M. Fagniez dans la *Rev. hist.* de mai-juin 1901.

[2] V. nos *Ouvriers du temps passé*, ch. I⁰ʳ.

magistralement comment le chef-d'œuvre devint progressivement
plus compliqué d'invention, plus coûteux de matière, plus long de
fabrication ; comment certains maîtres s'ingéniaient à ne jamais
enseigner à leurs apprentis le genre de travail qu'on exigeait pour
l'examen ; comment d'autres travaillaient clandestinement au chef-
d'œuvre présenté par le compagnon riche ; comment, pour les fils
de maîtres, le chef-d'œuvre était remplacé par « une légère expé-
rience » ; comment enfin les jurys d'examen ne déclaraient rece-
vables que les chefs-d'œuvre dont les auteurs leur avaient suffisamment graissé la patte. L'édit de 1581 dénonce éloquemment
cette situation : il veut mettre ordre « aux excessives dépenses que
les pauvres artisans des villes jurées sont contraints de faire ordi-
nairement pour obtenir le degré de maîtrise... étant quelquefois un
an et davantage à faire un chef-d'œuvre tel qu'il plaît aux jurés ;
lequel enfin est par eux trouvé mauvais et rompu, s'il n'y est remé-
dié par lesdits artisans avec infinis présents et banquets... »[1].

À cette date de 1581, on peut dire que l'évolution est achevée.
L'ouvrier pauvre est condamné à rester ouvrier. Il ne joue plus
aucun rôle dans la conduite du corps de métier. Dans la communauté jurée comme dans l'industrie libre, il est complétement
éliminé du gouvernement de l'atelier.

Il n'a plus, par exemple, aucun contrôle sur la fixation des salaires. Aussi est-il la première victime de la crise sociale du XVᵉ et du
XVIᵉ siècle. Tandis que hausse autour de lui le prix de toutes les
choses nécessaires à la vie, ses salaires ne s'accroissent qu'avec
une déplorable lenteur[2]. Encore ces misérables augmentations ne les
obtient-il que par la force, il les arrache par la grève. L'état de
guerre devient l'état presque normal de certaines industries à partir de François Iᵉʳ. Procès interminables, cessations combinées de
travail, violences contre les personnes, appels aux pouvoirs muni-
cipal ou royal, telle est l'histoire journalière des rapports entre le
capital et le travail, entre les coalitions de patrons et les coalitions
d'ouvriers.

La lutte revêt une forme particulièrement dramatique dans les
métiers libres, dans ces industries de la Renaissance où, grâce à

---

[1] Sur cet édit et sur l'interprétation, à mon sens trop étroite, qu'en donne M. Eberstadt, je renverrai à une série de leçons récemment parues dans la *Revue des cours et
des conférences*.

[2] Voy. le t. II de la nouvelle éd. de M. Levasseur, *initio*.

l'absence de toute réglementation, la concentration capitaliste s'exerce en toute indépendance, où se constituent des armées d'ouvriers. J'ai conté quelques épisodes de ce drame. J'ai insisté sur l'âpreté déjà « prolétarienne » des revendications des compagnons imprimeurs en 1571, qui se proclament « les vrais imprimeurs, faisant la plus laborieuse et plus grande partie de l'imprimerie », tandis que les maîtres ne sont que de purs marchands, « fournissant les matières, outils et instruments », c'est-à-dire le capital. N'oublions pas que lorsque ces paroles furent écrites, l'industrie typographique était troublée par des grèves qui avaient commencé en 1539, c'est-à-dire 32 ans plus tôt, et l'on aura une idée de l'intensité du conflit. Quant aux causes de ce conflit, elles sont bien simples et bien visibles : les ouvriers se plaignent de l'excès de travail, de l'insuffisance du salaire, en particulier du salaire-nourriture, de l'abus que font les maîtres de la main d'œuvre non payée, des apprentis, dont le nombre n'était pas fixé ici comme dans l'industrie réglementée.

Au xvie siècle, la coalition est partout, et elle a généralement pour objet la hausse des salaires. Des peines sévères sont portées, en 1583, contre les « compagnons, serviteurs et garçons » cordonniers de Troyes qui voudraient « prendre plus haut prix des ouvrages que le taux et prix ci-devant ordonné et qu'ils ont accoutumé d'avoir »[1].

L'antipathie entre le travail et le capital devient si vive que les anciennes institutions de solidarité professionnelle se coupent en deux. Dans les métiers libres comme dans les jurandes, patrons et ouvriers se réunissaient autrefois en confréries pieuses et charitables. Au xvie siècle, nous voyons se former des confréries d'ouvriers, qui ont leur caisse spéciale, leurs chefs élus, et l'on est souvent obligé, pour éviter les rixes, d'interdire que les deux confréries rivales célébrent le même jour ou dans la même église la fête du commun patron. Ces confréries d'ouvriers nous les trouvons à Paris, à Toulouse, même en Poitou. En 1538, les compagnons menuisiers de Poitiers ont voulu former une confrérie distincte de celles des maîtres, mais le corps de ville veillait. « Pour éviter d'engendrer débat entre eux », il leur ordonna de se régler « selon l'ordonnance des maîtres du métier ». Mais certaines confréries

---

[1] Levasseur, t. I, de la seconde éd., p. 599.

d'ouvriers obtiennent, en quelque sorte, la reconnaissance légale, jusqu'au point de pouvoir présenter aux États généraux un cahier distinct de celui des maîtres. En 1614, à côté du cahier des apothicaires de Paris, nous trouvons celui des compagnons apothicaires qui se plaignent du chef-d'œuvre et des banquets de maîtrise [1].

Interdites, ces confréries ouvrières n'en subsistent pas moins, mais elles deviennent occultes, elles s'enveloppent de mystère. Telle est l'origine des compagnonnages, dont la formation est favorisée par le caractère nomade que prend alors l'ouvrier [2]. Chez ces mêmes cordonniers de Troyes dont nous parlions tout à l'heure, nous voyons les compagnons organiser le placement obligatoire des ouvriers du dehors. A Paris, en 1601, les compagnons du même état ont frappé un ouvrier « parce qu'il ne voulait payer leur écot en un cabaret où ils l'auraient mené sous prétexte de lui vouloir faire bailler de la besogne ». Les compagnonnages essaient donc de monopoliser le recrutement de la main-d'œuvre.

III

Il est à peine besoin de rappeler combien les grèves furent fréquentes encore sous le régime de Colbert et au xviiie siècle. Le sujet est trop connu, après les travaux de MM. Bonnassieux, des Cilleuls, Germain Martin, le livre de M. Godart sur l'*Ouvrier en soie*. Boisguillebert disait déjà que l'on voit, « dans les villes de commerce, de 7 à 800 ouvriers d'une seule manufacture s'absenter tout à coup et en un moment, en quittant les ouvrages imparfaits..., les plus mutins usant de violence contre ceux qui auraient pu être raisonnables... » La révolte des canuts lyonnais de 1744 contre le règlement d'atelier appliqué par Vaucanson fut une manifestation terrible des colères ouvrières, bientôt réprimées par la force armée,

----

[1] *Arch. Nat.*, K. 675, n° 7 : « Vos très humbles et très obéissans serviteurs les compaignons et jeunes hommes de l'estat d'appoticaire en vostre bonne ville de Paris ». Le cahier des maîtres est sous le n° 21. Le cahier des compagnons a été publié par M. Picot, *Notices et documents p. p. la Soc. de l'Hist. de France*, 1884, p. 372.

[2] E. Martin Saint-Léon, *Le Compagnonnage*, 1901, p. 35 cite une sentence du Châtelet de 1506, 38. L'auteur me fait remarquer *ibid.*, n. 1 que j'ai eu tort de dire que les maîtres et compagnons cordonniers parisiens formaient deux confréries distinctes : mais on obligeait « ces confrères ennemis à célébrer le divin service à des jours distincts », ce qui montre qu'en fait, l'unité légale de la confrérie avait cessé d'être. P. 39 oppose la « confrérie de métier » et la « confrérie ouvrière ». P. 40, intervention de la *Confrérie du Saint-Sacrement*. Voy. aussi les études, en cours de publication, de M. R. Allier, sur la Cabale des Dévots.

la pendaison, les galères. Lorsque la révolte reprend, en 1760, les placards qui provoquent l'émeute ont une allure révolutionnaire et il semble que l'on entende déjà retentir le cri lugubre *A la lanterne!* Ces placards sont décorés d'une potence, et voici trois vers qui s'adressent à un *renégat*, à un maître-ouvrier qui s'est soumis aux exigences des maîtres-marchands :

> Biron, sois en assurance ;
> Des marchands tu auras la récompense,
> Et des compagnons la potence.

Et cela est signé :

> *Je m'appelle « Sans-Quartier ».*

Plus importantes encore que ces violences passagères sont les associations qui organisent le combat à l'état permanent. Le compagnonnage du tour de France, avec sa division en multiples *devoirs*, devient alors la règle dans presque toutes les professions de petite industrie : charpentiers, serruriers, menuisiers, cordonniers, et les maîtres ne trouvent d'ouvrier qu'en s'adressant au *Devoir* qui domine dans leur atelier [1]. Ces grandes associations générales sont plus rares, remarque M. G. Martin, dans les manufactures, où les ouvriers préfèrent se grouper entre eux, sur place, contre leur patron commun. Il y a cependant une exception éclatante, celle des papeteries; tous les ouvriers papetiers, dit un arrêt du conseil de 1777, « se sont liés par une association générale..... Ils ont fait entre eux des règlements dont ils maintiennent l'observation par des amendes qu'ils prononcent tant contre les maîtres qui ont des démêlés avec leurs ouvriers que contre les ouvriers qui n'abandonnent pas les fabriques où ces démêlés ont lieu ; ces amendes sont toujours payées, et par les maîtres qui craignent une cessation de travail qui entraînerait leur ruine, et par les ouvriers à qui l'entrée dans les autres manufactures est interdite jusqu'à ce qu'ils aient subi la peine pécuniaire qui leur a été imposée ».

Contre ces associations ouvrières se formaient des associations patronales. Certains patrons avaient pour principe, dit l'un d'eux, que, « pour assurer et maintenir la prospérité de nos manufactures, il est nécessaire que l'ouvrier ne s'enrichisse jamais, qu'il n'ait précisément que ce qu'il lui faut pour se bien nourrir et se bien

---

[1] V. *Office du travail, les Associations professionnelles ouvrières.* t. I, G. Martin, *Les Associations ouvrières au XVIIIe siècle* et Martin Saint-Léon, *ouvr. cité.*

vêtir ». Il importe de « retenir l'ouvrier dans un continuel besoin de travail »[1]. En 1775, les maîtres-marchands de Lyon se coalisent pour faire diminuer les salaires ; quiconque parmi eux refuse de se syndiquer est considéré comme un traître et forcé de quitter l'industrie. Moins visibles que les coalitions ouvrières, plus faciles à nouer sans qu'on en aperçoive rien du dehors, les coalitions patronales échappent plus aisément à la loi répressive et, par suite, aux regards de l'historien. Leur action se manifeste, indirectement, par la lenteur même avec laquelle les salaires suivent le jeu naturel des lois de l'offre et de la demande ; elles obtiennent, pour s'opposer à l'effet de cette loi, le concours des pouvoirs publics. Après le *Système* par exemple, la hausse universelle des denrées et des produits n'a pas pour corollaire une hausse égale des salaires. « Quoique les laines, dira Roland à la fin du siècle, soient augmentées de 20 p. 100 depuis vingt ans et que les étoffes, dans leur augmentation, aient suivi celle des matières premières, la main-d'œuvre n'a point augmenté en proportion des denrées... Les ouvriers qui n'ont pour vivre que le travail des mains, quelque laborieux qu'ils soient, restent toujours dans la misère et languissent véritablement plus qu'ils ne vivent ».

CONCLUSION

La conclusion qui me paraît ressortir de la triple étude à laquelle nous venons de nous livrer, est la suivante : si la révolution individualiste et la révolution industrielle de la fin du xviiie siècle ont pu précipiter l'avènement du régime capitaliste, elles n'ont pas créé ce système. Il existait avant elles, avec ce triple caractère : tendance à la division de plus en plus parfaite du travail et (conséquence nécessaire) à l'emploi de la machine ; concentration croissante des capitaux, des instruments de travail, entre les mains des « capitaines d'industrie » ; création de deux classes antagonistes, animées de passions hostiles et dont les intérêts sont de plus en plus en désaccord.

Les origines de ce régime, nous les avons trouvées dès l'époque où florissait encore le système tout différent de l'atelier familial. Il se développe à mesure que se perfectionne l'industrie et que s'ouvrent de nouveaux débouchés. Enfin avec le xvie siècle

[1] Textes recueillis par M. Godart.

commence véritablement l'ère capitaliste. Toutes les industries nouvelles sont des industries centralisées, qui recrutent leurs nombreux ouvriers dans l'armée chaque jour grandissante des sans-travail. Et si de nombreuses industries se modèlent encore, en apparence, sur le régime ancien, elles-mêmes sont atteintes par la nouvelle économie sociale, elles se constituent en petites oligarchies capitalistes, de plus en plus étroites, presque héréditaires. De l'état patriarcal, l'industrie a passé à l'état de guerre, et cet état de guerre atteindra son maximum d'acuité dans la seconde moitié du xviiᵉ siècle. Les revendications ouvrières auront leur place, comme les revendications paysannes, dans les causes de la Révolution française, et l'on trouvera la main des associations dans plus d'une journée révolutionnaire.

Ce n'est donc pas la loi de 1791 qui a créé le conflit entre le capital et le travail, au nom des principes abstraits de l'économie politique. Comme l'a très bien montré M. G. Martin [1], cette loi fut, au contraire, une loi de circonstance, un expédient, expédient maladroit, pour faire cesser l'état de guerre. Il s'agit pour ses auteurs de mettre fin à une situation dangereuse pour la sécurité publique, surtout à Paris, d'assurer le fonctionnement de certains services indispensables. Seulement, suivant la tendance de l'époque, on décore cette œuvre de circonstance d'un frontispice philosophique ; on place ces mesures de simple police municipale sous l'égide des principes. Il ne faut pas que ces belles déclarations nous en imposent. La loi de 1791 se compose en réalité de clauses qu'on alla puiser dans l'arsenal répressif de l'ancien régime. Elle a été une codification nouvelle des nombreuses ordonnances de Philippe le Bel, de Charles VI, de François Iᵉʳ, etc., contre le droit de coalition, une édition revue et corrigée de l'édit de Villers-Cotterets de 1539. Elle n'ouvre pas une révolution, elle vient presque fermer une évolution.

Nous élèverons-nous maintenant au-dessus de ces conclusions purement historiques ? Essayerons-nous de donner à cette étude une conclusion sociologique ? Il en est une, semble-t-il, que nous

---

[1] *Assoc. ouvr.*, ch. III. En lisant les textes rassemblés dans ce chapitre, on se convaincra, contrairement à une opinion très répandue, de l'importance des questions ouvrières dans l'histoire de la Révolution. Elles sont loin de jouer un rôle aussi considérable que la question paysanne, mais elles ne sont nullement absentes.

ne pouvons pas repousser, et la voici : Le capitalisme est né, à une date que nous pouvons non pas préciser, mais indiquer avec le vague que comporte toute recherche sur les origines ; il a commencé à se développer à une date plus précise, au temps de la Renaissance ; il a évolué à travers le temps. Mais alors, il n'est plus une catégorie nécessaire, éternelle de l'action humaine ; il redevient une catégorie historique, une forme transitoire de la civilisation, comme furent le patriarcalisme des sociétés commençantes, comme le féodalisme du moyen-âge. S'il est né, s'il a vécu, il peut mourir. Au point de vue purement dogmatique de l'ancienne économie, se substitue ainsi un point de vue historique ; à la statique sociale, une dynamique sociale, soumise à la loi du devenir.

De ce point de vue, l'histoire future n'apparaît plus comme tracée d'avance avec la régularité d'une figure de géométrie. L'humanité de demain n'est plus, de toute évidence, emmaillotée dans les formules rigides de l'école. On peut concevoir une société où le perfectionnement du machinisme et de la division du travail, la concentration croissante des instruments de travail entraîneraient d'autres conséquences que la constitution de deux classes antagonistes. Et, de même qu'au sein du régime corporatif s'élaborait déjà le capitalisme moderne, peut-être qu'au milieu de notre société capitaliste se construit déjà pièce à pièce, comme ces archipels de corail qui se bâtissent silencieusement sous le miroir des mers polynésiennes, l'édifice d'une société nouvelle.

25,537. — Bordeaux, imprimerie Y. CADORET, 17, rue Poquelin-Molière.

REVUE
D'ÉCONOMIE POLITIQUE

COMITÉ DE DIRECTION :

Paul CAUWÈS,
Professeur à la Faculté de droit
de Paris.

Charles GIDE,
Professeur à la Faculté de droit de Montpellier,
Chargé de cours à la Faculté de droit de Paris.

Dr Eugen SCHWIEDLAND,
à Vienne,

Edmond VILLEY,
Doyen de la Faculté de droit de Caen,
Correspondant de l'Institut.

Raoul JAY,
Professeur à la Faculté de droit de Paris.

Auguste SOUCHON,
Professeur adjoint à la Faculté de droit de Paris.

SECRÉTAIRES DE LA RÉDACTION.

PRINCIPAUX COLLABORATEURS :

MM. **d'Aulnis de Bourouil**, professeur à l'Université d'Utrecht. — **De Boeck**, professeur à la Faculté de droit de Bordeaux. — **De Böhm-Bawerk**, ministre des finances d'Autriche. — **Brentano**, professeur à l'Université de Munich. — **Bücher**, professeur à l'Université de Leipzig. — **Clark**, professeur à Columbia-University de New-York. — **Denis**, professeur à l'Université de Bruxelles. **Duguit**, professeur à la Faculté de droit de Bordeaux. — **Fournier de Flaix**. — **Foxwell**, professeur à University-College de Londres. — **François**. — **Garnier**, professeur à la Faculté de droit de Nancy. — **Issaïev**, professeur au Lycée Alexandre, à Saint-Pétersbourg. — **Larnaude**, professeur à la Faculté de droit de Paris. — **Levasseur**, membre de l'Institut. — **Achille Loria**, professeur à l'Université de Pavie. — **Macleod**, à Londres. — **Mahaim**, professeur à l'Université de Liège. — **Du Maroussem**. — **Germain Martin**, chargé de conférences à la Faculté de droit de Paris. — **Martin y Herrera**, professeur à l'Université de Buenos-Ayres. — **Mataja**, conseiller au Ministère du Commerce, à Vienne. — **Menger**, professeur à l'Université de Vienne, correspondant de l'Institut de France. — **Nitti**, agrégé à l'Université de Naples. — **Piernas**, professeur à l'Université de Madrid. — **Rougier**, professeur à la Faculté de droit de Lyon. — **Sauzet**, professeur à la Faculté de droit de Paris. — **Schmoller**, professeur à l'Université de Berlin. — **Turgeon**, professeur à la Faculté de droit de Rennes. — **Walras**, professeur à l'Université de Lausanne. — **Wuarin**, professeur à l'Université de Genève.

ABONNEMENT ANNUEL :

FRANCE : **20** francs. — ÉTRANGER : **21** francs.

23.537. — Bordeaux, Y. Cadoret, impr., rue Poquelin-Molière, 17.